المُنافَسَة الحَقيقِيَّة

تأليف: محسن يونس

رسم: ميشال ستاندجوفسكي

كانَ «سامِح» يُشَجِّعُ الفَريقَ الَّذي يَرْتَدي الزِّيَّ الأزْرَق، بَيْنَما كانَ «حُسام» يُشَجِّعُ الفَريقَ الَّذي يَرْتَدي الزِّيَّ البُرْتُقاليّ.

بَعْدَ مُدَّةٍ مِنْ بِدايَةِ اللَّعِبِ، قالَ «سامِح»: «اللَّعِبُ سَيِّئٌ جِدًّا. لا خُطَّةَ ولا الْتِزام!».

فَقالَ «حُسام»: «هَذا عَنْ فَريقِكَ، فَريقُنا مُنَظَّمٌ. أُنْظُرْ إِلَيْهِ يَلْعَبُ بِروحٍ عالِيَةٍ».

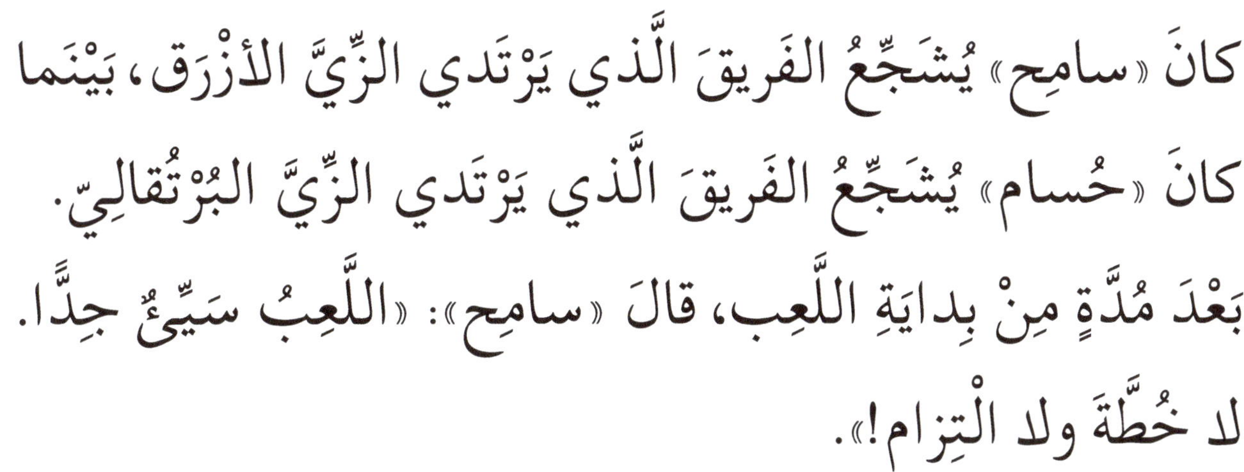

إذًا، هُناكَ فَريقانِ وصَديقانِ، كُلٌّ مِنْهُما يُشَجِّعُ ما يَراهُ جَيِّدًا. وفي الوَقْتِ نَفْسِهِ لَهُ رَأْيٌ سَلْبِيٌّ عَنِ الفَريقِ الآخَر. هَذا يَحْدُثُ في الحَياة، وهُوَ طَبيعِيٌّ طالَما لا يَصِلُ إلى كَراهِيَةٍ وحِقْدٍ... وأخيرًا إلى عُنْفٍ.

سَقَطَ لاعِبٌ مِنَ الفَريقِ البُرْتُقاليِّ عَلى الأَرْضِ بَعْدَ لُعْبَةٍ مُشْتَرَكَةٍ. صَفَّرَ الحَكَمُ، فَظَهَرَ انْفِعالٌ شَديدٌ عَلى وَجْهِ «سامِح» وهُوَ يُشيرُ بِيَدِهِ نَحْوَ المَلْعَبِ: «لَمْ يَلْمَسْهُ لاعِبُنا. لاعِبُكُم يُمَثِّل!».

أَجابَهُ «حُسام» بِانْفِعالٍ أَيْضًا: «الحَكَمُ صَفَّر. يَعْني لاعِبُكُم ارْتَكَبَ مُخالَفَةً. أَنْتَ لَمْ تُشاهِدِ اللُّعْبَة».

– وهَلْ أنا في مَلْعَبٍ آخَرَ أُشاهِدُ مُباراةً غَيْرَ هَذِهِ المُباراة؟!

– لا أَعْرِف. فَريقُكَ يَلْعَبُ بِخُشونَةٍ.

لاحَظَ «سامِح» و«حُسام» أنَّ لاعِبي الفَريقِ الأزْرَقِ، يَتَجَمَّعونَ حَوْلَ الحَكَمِ مُعْتَرِضينَ عَلى قَرارِه. ووَصَلَ لِلصَّديقَيْنِ حِوارُهُم مَعَ الحَكَمِ الَّذي صاحَ فيهِم: «اِبْتَعِدوا. إنَّها لُعْبَةٌ خَطِرَةٌ وتَسْتَحِقُّ ضَرْبَةً حُرَّةً مُباشَرَةً».

– اللُّعْبَةُ عادِيَّةٌ، وهُوَ فَقَدَ تَوازُنَهُ.

كانَتِ اللُّعْبَةُ قَرِيبَةً مِنْ مَرْمى الفَريقِ الأَزْرَقِ، وأَوْقَفَ الحارِسُ حائِطًا مِنَ لاعِبِي الفَريقِ، واسْتَعَدَّ لِصَدِّ الكُرَة. لِذا، عَلا القَلَقُ والتَّرَقُّبُ وُجوهَ مُشَجِّعيهِ بِمَنْ فيهِم «سامِح».

تَلَوَّنَ وَجْهُ «حُسام» بِفَرْحَةٍ عِنْدَما رَأَى لاعِبًا مُعَيَّنًا مِنَ الفَريقِ البُرْتُقالِيِّ، يَتَقَدَّمُ مِنَ الكُرَةِ لِيُنَفِّذَ تِلْكَ الرَّكْلَةَ الحُرَّةَ المُباشَرَة

– هَذا هُوَ الهَدَّافُ المُرْعِب. الكُرَةُ سَتَكونُ هَدَفًا مُؤَكَّدًا.

– المُرْعِب؟! حُلْمٌ بَعيدُ المَنال يا صَديقي «حُسام»!

- يَبْدو أَنَّ التَّعَصُّبَ يُعْمي عَيْنَيْكَ. أَلا تَعْرِفُ لاعِبَنا؟
- التَّعَصُّبُ هُوَ ما يَجْعَلُكَ تَجْهَلُ مَنْ يَكونُ حارِسُنا!

عِنْدَما رَكَلَ اللَّاعِبُ الكُرَة، ذَهَبَتْ مُباشَرَةً في أَعْلى الزَّاوِيةِ اليُسْرى، لِعارِضَةِ المَرْمى. صَحيحٌ أنَّ الحارِسَ ذَهَبَ إلَيْها، ولَكِنَّها كانَتْ أسْرَعَ مِنْه، وسَكَنَتْ شِباكَه.

كانَ هُتافُ جُمْهورُ الفَريقِ البُرْتُقالِيِّ قَوِيًّا. وقَفَزَ «حُسام» مَرّاتٍ عِدَّةً، فيما جَلَسَ «سامِح» صامِتًا ومُحْبَطًا، ثُمَّ قال: «الكُرَةُ مَرَّتْ إلى جانِبِ العارِضَة. كانَتْ سَريعَةً ولَمْ يَرَها الحَكَم».

– هاهاهاها... ما هَذا الكَلام؟! الكُرَةُ دَخَلَتِ المَرْمى وكادَتْ تُمَزِّقُ الشِّباك!».

اسْتَمَرَّ اللَّعِب، وبَعْدَ مُرورِ بَعْضِ الوَقْتِ، مَرَّ بائِعٌ يَحْمِلُ صُنْدوقًا خَشَبِيًّا مَمْلوءًا بِأَنْواعٍ شَتَّى مِنَ البَسْكَويت والفوشار.
أَشارَ إِلَيْهِ «سامِح» طالِبًا كيسَيْنِ كَبيرَيْنِ مِنَ الفوشار.

قَدَّمَ «سامِح» كيسًا مِنَ الفوشارِ إلى «حُسام» الَّذي شَعَرَ بِبَعْضِ الخَجَل. فَقالَ لَهُ «سامِح»: «تَفَضَّل. لا تُمانِع، فَأنا اشْتَرَيْتُهُ مِنْ أَجْلِكَ».

انْتَهَتِ الْمُباراةُ بِفَوْزِ الْفَريقِ الْأَزْرَق.
قالَ «سامِح» إِنَّهُ سَيَذْهَبُ إلى بَيْتِهِ. فَجْأَةً،
أَمْسَكَ «حُسام» يَدَ «سامِح» أمامَ أَحَدِ
الْمَحَلّات حَيْثُ تُباعُ الْمُثَلَّجات، وقال:
«أنا سَأَدْعوكَ إلى تَناوُلِ الْمُثَلَّجاتِ
اللَّذيذَة!».

جَلَسَ «سامِح» و«حُسام» عَلى مَقْعَدٍ قُرْبَ نَهْرِ المَدينَة،
يَتَناوَلانِ المُثَلَّجات ويَتَبادَلانِ الحَديث.

«سامِح»: «كُنْتُ أَظُنُّكَ مُتَعَصِّبًا، وسَتُغادِرُ بِسُرْعَةٍ لِأَنَّ فَرِيقَكَ هُزِم».

ـ كُنْتُ أَظُنُّكَ أَنْتَ مُتَعَصِّبًا...

ـ لا... أنا كُنْتُ فَقَطْ مُنْفَعِلًا في أَثْناءِ المُباراة.

كانَ المارَّةُ يُشاهِدونَ الصَّديقَيْنِ وهُما يَتَعانَقان، وأَحَدُهُما يَقول: «أنا لا أُحِبُّ التَّعَصُّب. أُنْظُرْ إلى نَهْرِ مَدينَتِنا، إنَّ مِياهَهُ تَصِلُ إلى بُيوتِنا جَميعًا، وجَميعُنا نَشْرَبُ مِنْها».